Pe. Guillermo D. Micheletti

Celebrar o ano litúrgico

Advento e Natal

EDITORA
AVE-MARIA

© 2012 by Editora Ave-Maria. All rights reserved.
Rua Martim Francisco, 636 – 01226-000 – São Paulo, SP – Brasil
Tel.: (11) 3823-1060 • Fax: (11) 3660-7959
Televendas: 0800 7730 456
editorial@avemaria.com.br • comercial@avemaria.com.br
www.avemaria.com.br

ISBN: 978-85-276-1411-5

Ilustração: Rui Cardoso Joazeiro
Capa: Bruno Dias

Dados Internacionais de Catalogação na Publicação (CIP)
Angélica Ilacqua CRB-8/7057

Micheletti, Guillermo D.
Celebrar o ano litúrgico: Advento e Natal / Guillermo D. Micheletti.
São Paulo: Editora Ave-Maria, 2012. 60 p.

ISBN: 978-85-276-1411-5

1. Ano litúrgico   2. Celebrações Litúrgicas   3. Natal   4. Advento
I. Título

12-0162   CDD 242.2

Índices para catálogo sistemático:
1. Ano litúrgico   242.2

Diretor Geral: Marcos Antônio Mendes, CMF
Diretor Editorial: Luís Erlin Gomes Gordo, CMF
Gerente Editorial: J. Augusto Nascimento
Editor Assistente: Valdeci Toledo
Preparação e Revisão: Renato Ferreira Bento e Ligia Terezinha Pezzuto
Diagramação: Ponto Inicial Design Gráfico e Editorial
Produção Gráfica: Carlos Eduardo P. de Sousa
Impressão e acabamento: Gráfica Ave-Maria

A Editora Ave-Maria faz parte do Grupo de Editores Claretianos
(Claret Publishing Group).
Bangalore • Barcelona • Buenos Aires • Chennai •
Macau • Madri • Manila • São Paulo

Sumário

O Advento e o Natal no ano litúrgico 5

O Advento e o Natal na teologia litúrgica 7

As referências bíblicas do Advento e do Natal 15

Como celebrar o Advento e o Natal 41

Sugestões litúrgico-catequéticas para a celebração 51

Bibliografia de referência 61

O Advento e o Natal no ano litúrgico

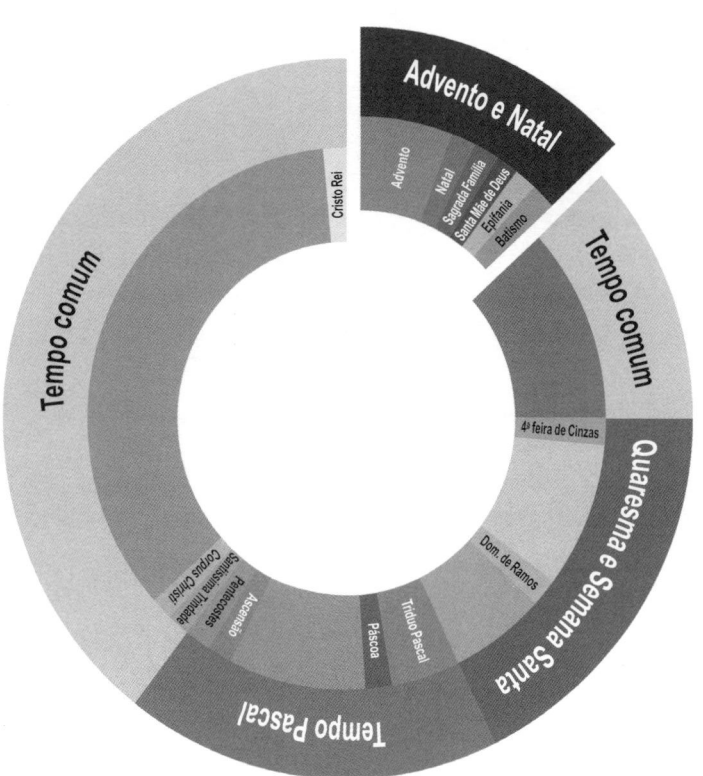

O Advento e o Natal na teologia litúrgica

Para captar em profundidade o pensamento teológico e litúrgico do Tempo do Advento-Natal, é preciso respeitar a divisão tripartite do ciclo litúrgico das leituras (anos A – B – C).

Tempo de Advento

No Advento do ano A, destacam-se as grandes aspirações messiânicas do profeta Isaías (capítulos 2, 11 e 35), relacionadas com a esperança de que a justiça que vem de Deus triunfará sobre o jogo oportunista dos poderosos. Os Evangelhos, tomados de Mateus, apresentam no seu teor fundamental o sentido da justiça divina que se realiza no seu projeto de salvação, inaugurado nos tempos antigos e atestado pelas Escrituras, bem como na atuação ética e profética do cristão mediante a conversão.

O Advento no ano B é caracterizado pela ideia do encontro com Deus, a realização da promessa de sua irrestrita presença junto a nós. A liturgia transparece de confiante esperança. A vinda do Juiz e Senhor da História não é, para os cristãos, um sinal de trágico fracasso ou de destruição da vida, mas seu cumprimento. Os cristãos vigiam com atitude de caridosa sensibilidade para participarem, por sua dedicação aqui e agora, do Reino transcendente.

Por sua vez, o Advento no ano C coloca-nos em permanente expectativa da vinda, da manifestação de Deus e de seu Reino como força para iluminar a realidade. Prepara-nos para o encontro com o Senhor, que vem nos acontecimentos da vida, particularmente no momento celebrativo que o comemora e nos impulsiona para irmos ao encontro dele, que virá glorioso quando seu Reino seja plenamente estabelecido entre nós.

A sua manifestação dá-se em dois momentos: a manifestação em nossa carne (na humanidade) ao nascer o Menino-Deus, que constitui sua primeira vinda, e na sua manifestação gloriosa, no fim dos tempos – segunda vinda – que vamos experimentando ao longo do AL, na expectativa de se cumprir a feliz esperança na gloriosa manifestação do Nosso Senhor e Salvador Jesus Cristo. Nisto, não podemos esquecer que vamos experimentando, no mistério de Cristo, o "já de uma salvação" que se realizou em Cristo – primeira vinda – e o "ainda não" da sua plena e definitiva manifestação – última vinda –, que nós vamos preparando na "vinda intermédia". Nesta "vinda intermediária", o AL, com as suas celebrações, é o lugar privilegiado de Sua atuação.

É bom aproveitar o ensejo para esclarecermos a questão, às vezes confusa, sobre a "segunda (última) vinda do Senhor". Como devemos entendê-la corretamente?

Pois bem, a reflexão teológica da fé católica afirma que Jesus virá; mas como acontecerá isso? Trata-se de uma nova visita "na carne", como aconteceu há 2 mil anos? Num determinado momento da história terrestre ou na misteriosa passagem de cada homem para a morte e a ressurreição? Em verdade, o conceito teológico que envolve as implicações da segunda vinda do Senhor chama-se "parusia" (do grego parousia = παρουσία), cujo significado é "presença", "visita", "atualidade". No tempo de Jesus, quando os governantes reservavam um tempo para visitar alguns povoados importantes, todo o período dedicado à visita era chamado de parusia. Eram dias festivos, de muita alegria, porque nesses dias o governante se mostrava indulgente e bondoso para com o povo. Assim, entre festas e jogos, algumas dívidas eram perdoadas e alguns escravos e prisioneiros, libertados. Foi por isso que os cristãos acharam oportuno associar o termo e as características dessas visitas ao ambiente e às expectativas daqueles dias parusíacos em que o Senhor viria pela segunda (última) vez.

Na verdade, quando falamos em parusia, devemos entendê-la como a vinda de Cristo no fim do tempo de cada homem e de cada mulher, no fim de suas vidas terrenas; não para julgá-los, mas sim para ajudá-los naquela hora da "escolha decisiva" pela vida ou pela morte definitiva.

Foi Jesus quem proclamou a vitória da vida sobre a morte (cf. João 16,33), inclusive para aqueles que estavam "no seio [no colo] de Abraão"; isto é, as pessoas falecidas antes da morte e ressurreição de Jesus. A parusia faz parte do processo de salvação que Jesus Cristo oferece incansavelmente a todos os homens e mulheres, ainda depois da morte. Nela, cumprem-se aquelas palavras tão carregadas de esperança que os romanos escutaram de Paulo: "Deus encerrou todos na desobediência, a fim de usar de misericórdia para com todos" (Romanos 11,32).

A descrição mais completa da parusia, ou "volta definitiva" do Senhor, aparece na primeira Carta de Paulo aos Tessalonicenses (4,13-18). Aí, o apóstolo dos gentios deseja revelar o que acontecerá no fim dos tempos, utilizando imagens fulgurantes e apocalípticas (cf. 1Coríntios 15,24-29 e Apocalipse). Com essas imagens, Paulo assegura que os cristãos falecidos antes da vinda do Senhor não serão excluídos da libertação que Ele realizará quando vier. Como tudo isso acontecerá, não é de significativa importância para nós; o que importa é que todo o povo remido por Jesus partilhará, ressuscitado para sempre, da gloriosa presença do Senhor (cf. Apocalipse 22,12-14).

Não podemos pensar esta fundamental questão de modo tão "infantilizado", e imaginar que na parusia Jesus montará uma grandiosa encenação planetária, em qualquer momento futuro não muito longínquo. Trata-se de um processo, um caminho que vai se realizando no meio de nós (cf. Lucas 17,20s)[1]. O Senhor não retornará mais em presença "física", senão no seu Espírito e, por meio dele, numa comunidade de pessoas. Sua vinda vai se realizar onde o Seu Espírito poderá efetuar a plenificação de cada homem (e a de todos os homens).

Não faz sentido então se preocupar com "o quando" acontecerá o fim do mundo (cf. Mateus 24,36). O Catecismo da Igreja Católica (CIC) afirma a mesma verdade com outras palavras e matizes. Quando diz que a vinda de Cristo na glória sempre é iminente, mesmo que não nos pertença saber os tempos (cf. Atos 1,7). Cristo pode vir a qualquer momento; a sua vinda

---

[1] A este respeito, vale a pena fazer uma acurada leitura do n. 44 da Exortação Apostólica *Verbum Domini*; Romano GUARDINI, Natura – *Cultura – Cristianesimo. Saggi filosofici*, Morcelliana, Brescia 1983, 152-153.

está pendente a todo o momento da história (CIC, 673-674). Esta vinda, por certo, não deve ser entendida temporalmente, ou que Cristo virá pessoalmente; senão que a vinda de Cristo ao mundo, na verdade, é a ida do mundo até Ele; isto é, o desenvolvimento da história dos homens indo ao encontro da existência gloriosa do Cristo ressuscitado (cf. Colossenses 3,4)[2].

Após a morte (ou na morte), Jesus vem ao nosso encontro para acolher-nos e, ressuscitando-nos, dá a cada um, na justiça e na misericórdia, o abraço fraterno e eterno. Ele quer que aspiremos a chegar a esse maravilhoso momento, trabalhando seriamente na transformação do mundo; mundo que, então transformado, Ele entregará ao Pai, a fim de que Deus seja tudo em todos (cf. 1Coríntios 15,28).

O Advento anuncia esse processo de salvação na história. O tempo que brotou do dedo infinito do Pai, que criou o nosso tempo humano. Nele o Filho viveu seus dias. Tempo que o Espírito do ressuscitado transformou em tempo novo (João Batista Libânio).

A festa do Advento merece o nome de "festa da volta". O Senhor veio para nos dizer como voltaremos para Ele. Ele nos aponta o começo e o fim: Alfa e Ômega (cf. Apocalipse 1,8).

Natal

E agora, falemos sobre o conteúdo bíblico e teológico do Natal. No Natal do ciclo A, mostra-se a luz que surge nas trevas e transforma o homem pela manifestação da graça de Deus; da

---

2 Cf. Juan RUIZ DE LA PEÑA, *La Pascua de la creación*, 139, em Renold J. BLANCK, *Escatologia da Pessoa. Vida, Morte e Ressurreição (Escatologia I)*, Paulus, São Paulo 2000, 331.

Palavra de Deus que se torna "carne", isto é, existência humana; da mensagem de Deus dirigida em primeiro lugar aos humildes; do lugar central da "serva do Senhor", Maria, a Virgem Mãe, flor do povo de Israel, que "ingressa/introduz" o Filho de Deus na humanidade, num povo e numa história concretos. Por fim, a manifestação da salvação ao mundo, simbolizada pela homenagem dos magos do Oriente e pelo Batismo de Jesus, interpretada pelo Evangelista Mateus, qual maravilhosa epifania; isto é, a manifestação do Menino-Deus – o Menino-Amor – a toda a humanidade.

O ciclo anual B do Natal manifesta mais claramente o mistério de Deus que se torna homem para que o homem se torne íntimo de Deus. Mútua aproximação pela vinda de Deus e pela conversão do ser humano. Vinda de Deus que é, de certo, um fato histórico único, acontecido uma única vez para sempre (ou, uma vez por todas – efapax = ἐψαπάξ; cf. Hebreus 7,27; 9,12; 9,26; 10,10) no nascimento de Jesus de Nazaré, mas que é também uma realidade sempre presente para nós, realidade em que, pela conversão, penetramos no eterno Mistério do Deus próximo. Esse Deus próximo apresenta-se não apenas na celebração, mas também na vida, na pessoa dos empobrecidos, no último dos homens, primeiros destinatários dos anjos na noite de Natal (cf. Lucas 2,8-11).

E no Natal do ano C contemplamos a salvação, que penetra "definitivamente" na história pela porta dos pequenos, e a contemplamos na singeleza do Menino "pequenino" de Belém, na visita dos pastores e dos magos ao presépio; no Batismo de Jesus no Jordão, quando o Pai proclama que Jesus é seu Filho amado a quem devemos ouvir e confiar nossas esperanças (cf. Lucas 3,21-22).

No Menino Jesus de Nazaré, a Palavra eterna faz-Se pequena; tão pequena que cabe numa manjedoura. Fez-Se criança, para que a Palavra possa ser compreendida por nós. Desde então a Palavra já não é apenas audível, não possui somente uma voz; agora a Palavra tem um rosto que manifesta a bondade e a ternura do Pai, por isso mesmo podemos "vê-la"[3].

É o mesmo Jesus que veio do seio do Pai pela mediação do corpo de Maria. Que fica no meio de nós em tantas maneiras privilegiadas: desde a Eucaristia até o corpo dos pobres (João Batista Libânio).

Percebemos o nascimento do Senhor, não como um acontecimento isolado, mas plenamente conjugado com o mistério de sua páscoa e da sua parusia. A manifestação que se iniciou com seu nascimento segundo a carne, só será plena com sua morte e ressurreição e a efusão do Espírito Santo, culminando na plenitude do Reino definitivo. O ressuscitado revela-se a nós como quem assume e transforma o todo da condição humana.

---

3 Cf. BENTO XVI, *Verbum Domini*, 12.

AS REFERÊNCIAS BÍBLICAS DO ADVENTO E DO NATAL

Sempre e em todo momento do AL, cumpre-se aquilo que Jesus profetizou na sinagoga de Nazaré. Ao longo do ano o Senhor "anuncia aos pobres a Boa-Nova"; as Escrituras se cumprem hoje (cf. Lucas 4,16-22a). A Palavra de Deus e a sua proclamação têm por finalidade fazer com que aquilo que aconteceu "naquele tempo" – neste caso, na espera e na presença de Deus no Menino-Deus –, aconteça aqui e agora. O que é proclamado na celebração se torna acontecimento salvífico no "hoje" de quem escuta; é no "hoje" da sinagoga de Nazaré, em que se cumprem as Escrituras que acabamos de ouvir (cf. Lucas 4,21). O acontecimento proclamado no texto escrito pertence, na verdade, também ao presente: aquela "hora de ontem" é o "hoje atualizado" pela ação do Espírito Santo (cf. João 14,26; 16,13).

A Palavra de Deus no Tempo do Advento

A distribuição das leituras para as celebrações dominicais deste tempo oferece para a primeira leitura, tirada do Antigo (ou Primeiro) Testamento, profecias sobre o Messias e sobre o tempo messiânico. Naturalmente, lidas em dependência da temática do Evangelho. Privilegia-se o livro de Isaías, utilizado no ano A e nos primeiros três Domingos do ano B; no quarto aparece 2Samuel 7. Por sua vez, no ano C, são utilizados outros profetas: Jeremias, Baruc, Sofonias, Miqueias.

Para a segunda leitura, são evidentes os aspectos característicos deste tempo litúrgico, procurando concordar com a temática das outras leituras (por exemplo: Romanos 13,11-14; 1Coríntios 1,3-9; 1Tessalonicenses 5,16-24).

As leituras do Evangelho, como se sabe, desenvolvem-se em três ciclos: para o ano A, centrada na leitura do Evangelho de Mateus, para o ano B, no Evangelho de Marcos, e no Evangelho de Lucas para o ano C. Todavia, no ano B, dadas as características peculiares do Evangelho de Marcos, que não contém a narração da infância de Jesus, é substituído no terceiro e quarto Domingos por trechos dos Evangelhos de João e de Lucas[4].

Se desejarmos mergulhar na mensagem que os Evangelhos oferecem a cada ano, no Tempo do Advento e Natal poderemos compreender que:

No ano A, a sucessão dos evangelhos permite descobrir "um caminho" que leva, progressivamente, a crescermos na consciência do significado salvífico da vinda d'Aquele que

---

4 A maioria dos biblistas concorda que Marcos foi o primeiro evangelho escrito. Ele começa com o batismo de Jesus realizado por João Batista. Nada diz da infância de Jesus, nem sequer menciona José, seu pai legal (da família de Davi). Mais ainda, Marcos não é o único que apresenta esta aproximação no cristianismo primitivo, pois os 24 livros restantes do Novo Testamento – excetuando-se Mateus e Lucas –, de igual modo Marcos, não mostram interesse nenhum nas origens familiares de Jesus; apenas apresentam Jesus adulto iniciando seu ministério (cf. Raymond E. BROWN, *Cristo em los evangelios del año litúrgico*, Sal Terrae, Santander 2010, 71).

foi prometido e reconhecido em Jesus de Nazaré. Esse caminho passará do anúncio da vinda escatológica (definitiva) (primeiro Domingo), para o anúncio da vinda na história (segundo Domingo), irá situar-se na identificação de Jesus, testemunhado pelas suas obras (terceiro Domingo); culminará com o "anúncio" a José acerca do Filho de Maria como Salvador, Deus-conosco (quarto Domingo).

Os quatro Domingos convidam o cristão à vigilância e a uma sempre inédita conversão, na espera jubilosa e perseverante de uma vinda que – se bem para os promotores da injustiça, da impiedade e da cultura da morte, será devastadora –, esperada e ansiada salvação será para os que creem. Às atitudes de vigilância (primeiro Domingo) e de conversão (segundo Domingo) se juntam a da alegria (já pela primeira vinda) e a da espera confiante e paciente (terceiro Domingo)[5].

No ano B, os evangelhos nos permitem também reconhecer "um caminho de salvação", que se assemelha ao do ano A. As mensagens das primeiras leituras para os Domingos deste ano apresentam a intervenção de Deus e do seu Messias em termos de salvação, de justiça e de paz. A segunda leitura é caracterizada pela acentuada dimensão escatológica, isto é, para um olhar de salvação definitiva em Cristo, nosso Senhor.

Finalmente, no ano C, não acharemos pensamentos diferentes dos outros, só que neste ano acentua-se a atenção ao aspecto escatológico do Advento, concretizado na pregação de João Batista. O Batista anuncia a iminente vinda/presença da salvação operada por Deus na pessoa de Jesus, "fruto bendito do seio

---

5 Cf. VV.AA. (coord. Giuseppe Casarin), *Leccionário Comentado. Regenerados pela Palavra de Deus – Advento-Natal,* Paulus, São Paulo 2009, 21.

virginal de Maria". As primeiras leituras nos oferecem um crescendo de alegria, para um caminho de encontro e de identificação com Aquele que deve vir. As segundas leituras sublinham a iniciativa divina na obra da salvação dos homens: o Senhor "está perto". Aquele que vem entra no espaço vital do humano e entrega Sua vida para reconciliá-lo com Deus. É clara a conotação cristológica das leituras que atingem o ápice no quarto Domingo.

A seguir, descrevemos sucintamente os textos bíblicos que a Igreja selecionou para refletir a cada Domingo do Advento.

Primeiro Domingo

O Senhor que vem no fim dos tempos nos exorta à vigilância. Estejamos, por isto, vigilantes, preparados...!

Ano A

Isaías 2,1-5: o profeta Isaías, usando a imagem de uma romaria onde todos os povos caminham em direção a Jerusalém, anuncia um novo momento na vida das nações, realizado na presença do Menino Jesus.

Salmo 121[122]: tendo nos alegrado com o anúncio da primeira leitura, manifestemos essa promessa de paz, partilhando juntos o Salmo 121 que nos fala da alegria que o povo experimentava quando peregrinava a Jerusalém.

Romanos 13,11-14: São Paulo, nos últimos capítulos desta carta, apresenta a razão fundamental pela qual o cristão deve possuir permanentemente a atitude do amor fraterno e comunitário.

Mateus 24,37-44: na última parte do Evangelho, Jesus fala sobre o fim dos tempos e coloca os cristãos diante de uma escolha radical: acolhê-lo ou recusá-lo. Os discípulos perguntam quando isto acontecerá e quais os sinais que vão acompanhar esse momento.

Ano B

Isaías 63,16-17; 64,1.3.8: em meio aos sofrimentos acarretados pelo exílio, o povo de Deus se reconhece pecador e infiel, situação que Isaías aproveita para exortar as pessoas a meditarem sobre a ação de Deus em meio a sofrimentos e infidelidades.

Salmo 79[80]: cantando o Salmo 79, lembramos que Deus sempre está vindo para nós, mostrando o seu rosto de misericórdia e salvação. Pedimos que venha em socorro das nossas necessidades.

1Coríntios 1,3-9: Paulo, no início de sua primeira carta aos cristãos da cidade de Corinto, dá graças ao Senhor Deus por tudo o que realiza nas pessoas e nas comunidades por meio de Jesus Cristo.

Marcos 13,33-37: depois de ter anunciado que o templo de Jerusalém seria destruído e de haver orientado os discípulos a compreenderem os sinais dos tempos, Jesus aconselha a estarem vigilantes, sóbrios, fiéis e atuantes na justiça e na caridade.

Ano C

Jeremias 33,14-16: o profeta Jeremias apresenta com imagens poéticas a figura do futuro Messias. Aquele que nosso Deus está preparando para nós, cuja missão será trazer a justiça sobre a terra.

Salmo 24[25]: respondendo as palavras de Jeremias com o Salmo 24, vamos pedir que o Senhor faça brotar, hoje, no meio de nós e por todas as partes, o direito e a justiça.

Tessalonicenses 3,12-4,2: São Paulo escreve esta sua primeira carta exortando os cristãos a crescerem sempre mais no espírito do verdadeiro discipulado em Cristo.

Lucas 21,25-28.34-36: usando imagens que arrepiam, próprias do estilo apocalíptico do tempo, Jesus convida-nos a depositar n'Ele um olhar esperançoso. Assim, chamados a superar as dificuldades e os problemas de hoje, poderemos abrir nossos corações à misericórdia, à paciência e ao amor.

Segundo Domingo

A pregação de João Batista exige de nós a conversão, na espera do Senhor que vem. Agora é a vez dos fracos e dos pobres.

Ano A

Isaías 11,1-10: o profeta Isaías, sete séculos antes de Jesus, já anuncia a vinda de um rei que vai provocar uma mudança radical nos corações das pessoas e descreve as novas atitudes que nortearão o relacionamento entre elas.

Salmo 71[72]: refletindo no Salmo 71 vamos pedir a Jesus, em quem vemos plenamente realizada a profecia de Isaías, a graça de ver manifestada a justiça e a paz no mundo.

Romanos 15,4-9: São Paulo, nos últimos capítulos desta carta, apresenta para aquelas comunidades (e para nós) um jeito novo de superar o egoísmo: imitar Cristo colocando-nos a serviço dos outros no acolhimento e na caridade fraterna.

Mateus 3,1-12: antes que a missão de Jesus fosse percebida pelo povo, Mateus apresenta a pessoa de João Batista preparando os caminhos do Senhor, convidando-nos a realizar boas obras, principalmente a de acolher Aquele que vem para purificar-nos mediante o Batismo, na água e no Espírito, e a de partilhar o amor misericordioso para com o próximo.

Ano B

Isaías 40,1-5.9-11: no contexto do exílio de Babilônia (586-538 a.C.), o profeta Isaías faz uma exultante proclamação de alegria ao povo de Israel, desolado pela perda de sua autonomia e pela destruição da sua identidade, reconhecida no Templo de Jerusalém.

Salmo 84[85]: com o Salmo 84, que o povo cantou muitas vezes depois de voltar do exílio, imploremos ao Senhor que complete hoje sua obra de salvação no meio do povo, especialmente dos mais sofredores.

2Pedro 3,8-14: aos primeiros cristãos, que esperavam a demorada volta de Jesus, o apóstolo Pedro faz esta exortação e apresenta os dons que constituem uma nova esperança ancorada em Cristo Jesus.

Marcos 1,1-8: antes de descrever como Jesus entrou na história da humanidade, o evangelista Marcos descortina o ministério do Senhor, preparado e anunciado por João Batista, reacendendo a esperança do povo outrora promovida pelos profetas.

Ano C

Baruc 5,1-9: o profeta Baruc, no tempo do exílio de Babilônia, anuncia ao povo a firme esperança de que voltaria do cativeiro; fato que aconteceu alguns anos depois, quando em 538 a.C., Ciro, rei da Pérsia, derrotou o Império babilônico, oferecendo ao povo de Israel a possibilidade da libertação.

Salmo 125[126]: o Salmo 125 predispõe a acreditar que podemos construir, sempre no tempo da história, uma nova cultura de justiça e de paz.

Filipenses 1,4-6.8-11: São Paulo, prisioneiro por Cristo, escreve esta carta mostrando aos cristãos qual é a meta e o objetivo que devem atingir com o seu estilo de viver e proceder.

Lucas 3,1-6: São Lucas apresenta a figura de João Batista. Ele reúne o povo e o prepara para que, aproximando-se de Jesus, receba graça e salvação de suas mãos. Contemplamos no Batista o grande missionário que enevereda os caminhos para o Senhor.

Terceiro Domingo

Domingo *Gaudete*, caracterizado pela alegria, porque o Senhor "está perto". Agora estamos certos de onde está nossa esperança!

Ano A

Isaías 35,1-6a.8a-10: o profeta Isaías, em cativeiro, escreve para o povo profetizando sua iminente libertação. O profeta antecipa assim a definitiva libertação que acontecerá na pessoa de Jesus.

Salmo 71[72]: cantamos o Salmo 71 cheios de admiração porque Deus sempre vem para nos libertar de todas as escravidões e da morte.

Tiago 5,7-10: o apóstolo Tiago escreve para os cristãos de origem judaica, insistindo na necessidade de alicerçar a fé no amor e nas boas obras. Esse é o jeito melhor de preparar a vinda do Senhor.

Mateus 11,2-11: Mateus, na terceira parte do seu Evangelho, toda dedicada a esclarecer a missão de Jesus e o mistério do seu Reino, apresenta Jesus que inaugura o Reino de Deus entre nós. Este é o primeiro fato.

Ano B

Isaías 61,1-2.10-11: dirigindo-se a um povo marcado pelo cativeiro, depois de ter sofrido amargurados anos de miséria e humilhação, o profeta Isaías anuncia a alegria que virá pela presença do Salvador dos pobres e amargurados.

Salmo [Lucas 1,46-54]: vamos responder à Palavra de Deus com a mesma oração de Maria, representando o anseio dos pobres, como a mãe de Jesus, reconhecendo a ação libertadora de Deus que salva o povo.

1Tessalonicenses 5,16-24: Paulo, ao receber notícias de que a comunidade da cidade grega de Tessalônica, apesar da perseguição, continuava fervorosa e ativa, enviou-lhes esta carta para descrever as corajosas atitudes que devem acompanhar os cristãos diante das dificuldades.

João 1,6-8.19-28: o evangelista João, partindo do testemunho de João Batista, prepara sua comunidade para que possa entender e responder esclarecidamente à missão e à pessoa de Jesus, Filho do Pai na "carne".

Ano C

Sofonias 3,14-18a: o profeta Sofonias, diante das dificuldades do povo, lembra a todos que a presença de Deus é geradora de paz e alegria. Assim acontecerá também conosco diante da presença do Menino Jesus.

Salmo (Cântico de Isaías 12,2-6): entoando o canto, o profeta Isaías nos convida a confiar totalmente em Jesus, nosso Salvador.

Filipenses 4,4-7: São Paulo, cativo, escreve esta carta mostrando qual deve ser a atitude dos cristãos que sofrem necessidades e dificuldades por causa da pregação do Evangelho: devem estar consolados e alegres no Senhor.

Lucas 3,10-18: Lucas apresenta novamente João Batista falando sobre as virtudes que distinguem os filhos e filhas de Deus: devem ser justos e caridosos. Sua forma de atuação é obrigatória a todos e disso ninguém está dispensado.

Quarto Domingo

Aparecem detalhadamente os acontecimentos que precedem a iminente vinda (na história) do Esperado das nações (as "anunciações").

Ano A

Isaías 7,10-14: estando os exércitos da Samaria contra Jerusalém, diante da insistência do rei Acaz em fazer aliança com a Assíria, o profeta Isaías faz-se portador da palavra de Deus, o que resultará numa verdadeira profecia sobre o Menino Deus.

Salmo 23[24]: o Salmo 23 nos lembra que toda a criação pertence a Deus.

Romanos 1,1-7: o apóstolo Paulo, escrevendo à comunidade romana que ele não havia fundado, toma todo cuidado de justificar a razão de sua carta e expressa aquilo que deve constituir o núcleo da fé.

Mateus 1,18-24: Mateus depois de ter apresentado a genealogia de Jesus, ligando-o a Abraão e a Davi, conta a origem de Jesus a partir de sua divina filiação. Narrando os detalhes que antecederam a conceição virginal de Jesus, coloca em evidência a paternidade legal de José.

Ano B

2Samuel 7,1-5.8-12.14.16: ao rei Davi, que deseja construir um templo para Deus, o profeta Natã apresenta a posição de Deus e sua promessa.

Salmo 88[89]: cantemos ao Senhor porque se revela sempre fiel às suas promessas e renova sempre o seu amor para conosco.

Romanos 16,25-27: Paulo, escrevendo aos romanos, dá graças a Deus porque eles foram confirmados no seguimento de Jesus Cristo, e porque revelou nele o projeto de Deus escondido há tantos séculos e a eles revelado nesses dias.

Lucas 1,26-38: o evangelista Lucas narra como a encarnação do Filho do Pai eterno, no seio virginal de Nossa Senhora, pelo poder do Espírito de Deus, satisfaz plenamente todas as promessas feitas outrora ao povo.

Ano C

Miqueias 5,1-4a: o profeta Miqueias, retomando as histórias da dinastia de Davi e de Belém, sua cidade, procura antever no futuro uma saída para seu povo.

Salmo 79[80]: cantando o Salmo 80, peçamos ao Senhor que tenha piedade do seu povo e venha a guiá-lo no caminho da paz.

Hebreus 10,5-10: o anônimo autor desta carta mostra o sentido da vinda de Jesus no meio da humanidade e esclarece Sua missão libertadora.

Lucas 1,39-45: Lucas apresenta o nascimento do menino João (que será o Batista) para introduzir o nascimento de Jesus. Seguidamente, descrevendo o encontro das duas mães (Maria e Isabel), assinala os sinais da presença abençoada e abençoadora do Filho de Deus, o Messias esperado, no meio da humanidade.

No meio do Advento louvamos a Deus pela Imaculada Conceição de Maria (8 de dezembro)[6]

A solenidade da Imaculada Conceição de Maria, celebrada no Tempo litúrgico do Advento, está colocada, diríamos, em seu lugar exato, e ajuda a contemplar Nossa Senhora no cumprimento da sua missão na história da salvação.

A história do cristianismo dos primeiros séculos assinala que no Oriente celebrava-se a festa da conceição milagrosa de Ana[7]. Essa celebração passou ao Ocidente por volta do século

---

6 No Brasil, por determinação da CNBB e autorização da Santa Sé, esta solenidade é sempre celebrada no dia 8 de dezembro, mesmo que este dia aconteça num Domingo do Advento.

7 A origem desta devoção tão admirável e significativa para a Igreja do Oriente deve-se ao relato da presença dos pais de nossa Senhora, Joaquim e Ana, que remonta ao II século do cristianismo num evangelho considerado "apócrifo" (= sem autoridade), chamado *Proto-evangelho* (Postel 1549) ou *Evangelho da Natividade de Maria*, reconhecido pelo nome de "Papiro Bodmer" (cf. Luigi MORALDI, *Evangelhos Apócrifos*, Paulus, São Paulo1999, 55-56).

XI, entre outras festas cristãs, unindo a expectativa messiânica do retorno glorioso de Cristo com a admirável memória da Mãe. Em 1476, o papa Sixto V introduziu-a no calendário romano, dotando-a de textos belíssimos.

O tempo litúrgico do Advento deve considerar-se o tempo particularmente adequado para o culto da Mãe do Senhor. Maria é a toda santa, imune de qualquer mancha de pecado, como que plasmada pelo Espírito Santo e feita nova criatura (cf. Paulo VI, *Marialis Cultus*, 4).

O dogma da Imaculada Conceição de Maria foi proclamado pelo papa Pio IX, com a bula *Ineffabilis*, em 8 de dezembro de 1854. Em seu ponto mais delicado, a bula declara que "no primeiro instante da sua concepção, e em vista dos méritos de Jesus Cristo, Salvador do gênero humano, a Virgem Maria foi preservada imune de toda mancha da culpa original". Esta definição conciliar consagra duas grandes exigências que parecem contradizer uma a outra: desde o primeiro instante da sua existência, Maria é isenta de toda sombra de pecado e, ao mesmo tempo, como todo filho de Adão (da humanidade), é redimida por Cristo. Só que para ela a redenção foi mais perfeita, por causa da sua missão de Mãe da Palavra encarnada (cf. *Lumen Gentium*, 56).

É interessante e surpreendente o paralelismo entre a pureza de Maria e a de Cristo, Cordeiro inocente que tira os nossos pecados, bem como a exemplaridade para a Igreja, esposa de Cristo sem ruga e sem mancha e a função para os cristãos como modelo de santidade e advogada nossa, como proclama o prefácio da solenidade (Missal Romano, 716).

Se quisermos que a "Imaculada Conceição" tenha algo a dizer aos homens e mulheres de hoje e fale à nossa vida, é preciso recordar, antes de mais nada, uma verdade ofuscada por imagens quase que padronizadas, criadas por uma devoção mariana com pouco enbasamento bíblico. Maria é uma de nós, jovenzinha judia que viveu como todas as mulheres do seu povo, e uma irmã que, como nós, travou uma luta interior contra as mesmas dificuldades e tentações que nós, mas nela Deus encontrou uma mulher plenamente disponível para a realização do seu plano de Salvação em seu Filho Jesus Cristo; isto é, de nos tornar todos santos e imaculados no amor, seus filhos e filhas adotivos, herdeiros de todos os Seus bens (cf. Efésios 1,4-5.11)[8].

A Palavra de Deus no Tempo do Natal

No Natal do Senhor realiza-se o *ad-ventus* (= vindo para perto), isto é, a vinda do Salvador ao mundo. Em Jesus de Nazaré, o Verbo/Palavra do Pai fez-SE carne e habitou entre nós. Todo o Amor filial de Deus Se fez carne; quando dizemos "carne" queremos dizer "a santa e frágil humanidade de Jesus" (Santo Irineu de Lyon).

Celebramos o Natal com os corações maravilhados e proclamamos, como João, que nós também vimos sua glória, a glória que o Filho único recebe do seu Pai, cheio de graça e de verdade; contemplamos nele a verdadeira luz, aquela que ilumina todo o homem (cf. João 1,14; 1,9).

Todo o percurso bíblico do Advento encontra no Natal sua coroação e consumada perfeição. Isto é o que exprime a liturgia que celebra o mistério do Menino-Deus, o Menino-Amor

---

8 Cf. Alfonso MORA, *A Virgem Maria no Ano Litúrgico*, em CELAM, *Manual de Liturgia IV*, Paulus, 66; Augusto BERGAMINI, *Cristo festa da Igreja*, Paulinas, 458-459; Fernando ARMELLINI, *Leccionário Comentado – Advento – Natal*, Paulus, 390.

nascido para nós: hoje o Senhor nasceu para nós (cf. Isaías 9,1; Lucas 2,10-11).

No tempo litúrgico do Natal, as leituras bíblicas são as mesmas para os três anos/ciclos de Leituras. Ainda mais, o ciclo natalino apresenta-se de forma sugestiva com celebrações festivas que, por sinal, são muito queridas e acolhidas pelo povo cristão.

Natal do Senhor: a Missa da Vigília do Natal
[24 de dezembro]

No dia 24 de dezembro, a Igreja inicia os festejos do Natal com a Missa da Vigília. De fato, com a celebração – somente vespertina – encerra-se o tempo do Advento e se abre o tempo do Natal.

O texto bíblico escolhido como antífona de abertura é tirado do Êxodo 16,6-7. Anuncia a alegria pré-natalina que aquece os corações: Esta tarde sabereis que foi o Senhor quem vos tirou do Egito, e amanhã pela manhã vereis a sua glória. Qual será o maravilhoso sinal? Uma criança cujo "esplendor fascinante" não será outro do que um bebê enfaixado cobrindo um corpinho que treme de frio na manjedoura...

– *Os textos da celebração são:*

Isaías 62,1-5: lido no sentido cristológico/eclesial: Jesus-Esposo, na encarnação, celebra as núpcias com toda a humanidade (o seu povo) mesmo que enfraquecida pelo pecado. O seio de Maria será então o templo consagrado pelo Senhor para estabelecer o indissolúvel matrimônio da humanidade com o Deus da paz e do perdão.

O Salmo 87[88],4-5.16-17.27.29: canta a misericórdia do Senhor, celebrando na contemplação o cumprimento em Cristo das proezas messiânicas feitas a Davi.

Atos 13,16-17.22-25: marca o início da missão apostólica de Paulo. O apóstolo dá testemunho de Cristo inserido plenamente no contexto da história do seu povo.

Mateus 1,1-25 ou 1,18-25: narra a genealogia de Jesus Cristo.[9] Mateus apresenta Cristo que, encarnando-se, se faz solidário ao povo. Povo pecador, mas santificado pela misericórdia do Pai. A sua misericórdia manifesta-se em Cristo fazendo-se pequeno; é o Deus-Menino que se torna acessível a todos, à disposição de todos.

As três Missas no dia do Natal: Missa da noite, da aurora e do dia

O motivo pelo qual a Igreja colocou três Missas no dia do Natal não foi ainda suficientemente esclarecido. A pesquisa histórica nos permite apenas afirmar que pelos séculos IV-V, a Missa do Natal já era celebrada na Basílica de São Pedro (Roma). O Papa Sixto III [432-440] decidiu celebrar uma Missa à meia-noite na Basílica Santa Maria Maior para homenagear a definição dogmática do Concílio de Éfeso [341] sobre a natureza humana e divina de Cristo e a divina Maternidade

---

9 O prestigioso biblista Raymond Brown (1928-1998) afirma que a genealogia de Jesus Cristo apresentada por Mateus é "o relato do começo/origem de Jesus Cristo". Ela pode ser dita "o relato da chegada de Jesus Cristo", sendo que, para Mateus, a origem de Jesus Cristo começa com Abraão que gera a Isaac. Com outras palavras, o relato dos patriarcas hebreus, dos reis de Judá e de outros israelitas é a primeira cena do relato de Jesus Cristo (*Cristo em los evangelios del año litúrgico*, 82).

de Maria[10]. Tempos mais tarde, quase que por motivos devocionais, começou-se a celebrar a Missa da aurora.

1. *Os textos da Missa da meia-noite:*

Isaías 9,1-3.5-6: 700 anos antes do nascimento de Jesus, o coração do profeta Isaías exultava de alegria descrevendo a salvação que o Pai bondoso nos ofereceria na pessoa do Menino Jesus.

Salmo 94[95],1-3.11-13: canta ao Senhor Nosso Deus porque Ele se revela na humanidade de Jesus e se faz presente em nossa vida.

Tito 2,11-14: o apóstolo Paulo exulta de alegria porque sabe que a presença de Jesus derramará imensos benefícios para todos. Nele resplandece a misericórdia e a graça de Deus.

Lucas 2,1-14: o Evangelista nos coloca diante da presença do inefável acontecimento do nascimento do Menino Jesus. Da parte de Deus, hoje um Menino nos foi dado/doado: o Menino-Deus. De parte nossa, nós O acolhemos com exultante gratidão.

2. *Os textos da Missa da aurora:*

Isaías 62,11-12: o profeta anuncia que a salvação realizada por Deus será comunicada até os confins da terra; ela é universal e definitiva.

---

10 O Concílio de Éfeso (341) pronunciou-se a favor da inseparável união das duas naturezas em Jesus Cristo: natureza humana e natureza divina, no entanto, conservando sua total integridade. Dessa forma, Jesus deve ser considerado *totalmente homem e totalmente Deus*. Consequentemente, Maria, sua gloriosa Mãe, é tanto Mãe de Jesus - homem, quanto genitora (Mãe) de Cristo - Deus (em grego = *Theotokos*). Esta última declaração agradou particularmente todo o povo cristão que sempre defendeu este mistério mariano (Cf. Henrique C. José MATOS, *Caminhando pela história da Igreja* – Volume I, O Lutador, Belo Horizonte, 58).

Salmo 95[96],1-6.11-12: o Salmista canta porque a luz da esperança resplandece sobre a humanidade, e nós, a ele unidos, louvamos as maravilhas do Senhor.

Tito 3,4-7: nesta Carta contemplamos Jesus como o grande comunicador da misericórdia e do amor do Pai. Deus já tinha falado antes por outros meios, mas agora, coloca toda a sua vontade salvífica no coração de um menino, o Menino Jesus, Seu Filho muito amado, que veio nos visitar.

Lucas 2,15-20: o Evangelista Lucas narra a cena do presépio: Maria guarda tudo no seu coração e os pastores na sua simplicidade acolhem o angélico convite. Ao escutar a proclamação do Evangelho, procuremos ser simples e pequenos como os pastores que contemplavam atônitos o mistério do Senhor-Menino pobre, na sua majestade. Os pastores são como que o núcleo inicial da futura comunidade dos discípulos de Jesus: a Igreja. Uma Igreja de pequenos que reconhece, acolhe e anuncia a Deus, que se revelou na pequenez e na impotência do Menino de Belém.

3. *Os textos da Missa do dia:*

Isaías 52,7-10: no meio dos sofrimentos do povo, o profeta Isaías apresenta o mensageiro da paz, que traz boas notícias. O Menino Jesus é a "única e inédita" Boa-Notícia de paz e de bondade para o mundo carente de perdão e salvação.

Salmo 96[97],1-6: o Salmista convida a unir-se à criação para louvar o Senhor Nosso Deus, porque hoje revelou seu Filho a toda a humanidade.

Hebreus 1,1-6: a carta nos lembra solenemente que, se bem no Primeiro Testamento Deus falou-nos por meio dos profetas, hoje o faz abertamente na pessoa de seu Filho, para manifestar seu projeto de amor que transforma os corações.

João 1,1-18 ou 1,1-5.9-14: o Evangelista João inicia seu evangelho falando da sabedoria que Deus manifestou no Menino-Deus: Unigênito do Pai, cheio de graça e de verdade; feito homem, vida e luz para todos os homens de boa vontade.

2º dia da Oitava do Natal: 26 de dezembro, Festa de Santo Estêvão, primeiro mártir

Santo Estêvão era um dos sete homens (de origem grega) que os apóstolos escolheram para o serviço "das mesas" (da comunidade). A liturgia celebra seu martírio (no ano 31 ou 32 d.C.) como exemplo do amor extremado a ponto de perdoar os inimigos até às últimas consequências. Estêvão tornou-se reconhecidamente o primeiro mártir (proto-mártir) do cristianismo.

Leituras: Atos 6,8-10; 7,54-60; 8,2 / Salmo 29[30],3c--4.7b-8a.16b-17 / Mateus 10,17-22.

3º dia da Oitava do Natal: 27 de dezembro, Festa de São João, Apóstolo e Evangelista

João, filho de Zebedeu, irmão de Tiago o Maior, discípulo de João Batista, foi um dos primeiros a seguir Jesus. Evangelista e teólogo, apelidado de "águia de Patmos" soube penetrar como ninguém o inefável mistério do Filho de Deus feito homem. A liturgia deste dia sublinha a revelação da misteriosa profundidade do Filho de Deus e a inteligência penetrante da Palavra que caracterizam os textos inspirados do apóstolo[11].

Leituras: 1João 1,1-4 / Salmo 95[96],1-2.5-6.11-12 / João 20,1-8.

---

11 Cf. Augusto BERGAMINI, *Cristo festa da Igreja*, 221.

4º dia da Oitava do Natal: 28 de dezembro, Festa dos santos inocentes, mártires

É a festa da inocência e da pureza das crianças. A liturgia assinala como Jesus foi perseguido desde a infância e, ao mesmo tempo, como a família de Nazaré se insere no drama humano, vivendo na escuta e na obediência à Palavra de Deus.

Leituras: 1João 1,5-2,2 / Salmo 122[123],2-5.7b-8 / Mateus 2,13-18.

5º dia da Oitava do Natal: 29 de dezembro, memória facultativa do santo bispo e mártir Tomaz Beckett

Santo Tomaz nasceu em Londres, em 1118. Pertencia ao clero de Canterbury e foi chanceler do Reino. Eleito bispo em 1162, teve de se opor dramaticamente às ambiciosas pretensões do rei Henrique II, que colocava a risco os direitos e as liberdades da Igreja. Esta situação acarretou-lhe um exílio de seis anos na Gália. De volta à pátria, teve ainda muito que sofrer, até que, em 1170, foi assassinado pelos guardas do rei.

Leituras: 1João 2,3-11 / Salmo 94[95],1-3.5b-6 / Lucas 2, 22-35.

Domingo dentro da oitava do Natal ou, se não houver, dia 30 de dezembro:

Festa da Sagrada Família de Jesus, Maria e José

Nesta liturgia torna-se presente a experiência do Filho de Deus que, encarnado, se faz irmão da humanidade no seio de uma família, assumindo sua realidade cotidiana. O mundo se torna família de Deus e Deus assume ser verdadeiramente humano. Com a celebração desta festa, torna-se presente o valor da vida de nossas famílias, com suas alegrias e sofrimentos, conquistas e conflitos; mas também com a certeza de que, sustentadas e guiadas por Deus, encontram com segurança o caminho de vida plena para todos[12].

Leituras: Eclesiástico 3,3-7.14-17 / Salmo 126[127],1-5 / Colossenses 3,12-21 / Mateus 2,13-15.19-23.

8º dia da Oitava do Natal: dia 1º de janeiro, Solenidade da Santa Mãe de Deus, Maria[13]

Celebramos nesta festa a maternidade divina de Maria *(Theotokos)*, e também o dia em que o Menino-Deus recebeu o nome de Jesus [Javé salva]. O calendário civil reconhece este dia como o "dia mundial da Paz"; paz desejada e suplicada como sinal de benção e de proteção permanente de Deus. Por isso, os cristãos e cristãs, exultantes de alegria pelo "Sim" de Maria, se comprometem a ser, junto dela, portadores de uma benção de paz para o mundo, entendendo que a paz é a nota característica do reinado que Jesus Cristo inaugurou pela sua natividade.

Com efeito, neste dia brota de todos os cantos da terra sincera ação de graças pelo fim de um ano, vivido por tantas pessoas e povos; não obstante tantos e dramáticos atentados contra a vida, os cristãos estamos constantemente empenhados pela sua defesa em todas as suas maravilhosas manifestações. Iniciando novo ano, é tempo de reforçar a esperança e juntar as

---

12 Cf. CNBB, *A melhor notícia do Pai*, Loyola, São Paulo 1998, 58.
13 Depois do Concílio Vaticano II esta festa Mariana foi colocada novamente no posto que ocupava na antiga disposição da liturgia romana, isto é, no primeiro dia do ano. A inserção desta solenidade no clima natalício faz emergir com força o protagonismo de Maria no mistério da Encarnação e no projeto divino de nossa salvação.

forças para que de fato triunfe a vida em abundância para todos e reine a paz.

Leituras: Números 6,22-27 / Salmo 66[67],2-3.5.6.8 / Gálatas 4,4-7 / Lucas 2,16-21.

Epifania do Senhor ou Sua manifestação a todos os povos

A manifestação do Senhor aos seus concidadãos é representada pelos pastores no Natal. Agora, na Epifania, voltamos nosso olhar para os outros povos e nações, representados pelos magos. De fato, a Epifania é a revelação da ternura de Deus, que deseja salvar a todos, revelando-se "amigo e irmão". Contudo, ele será salvação se a comunidade se colocar em sintonia com a salvação que é oferecida a todos. Os magos do Evangelho representam os povos que em Jesus caminham ao encontro da Paz. Nós temos de nos colocar a caminho da procura; procura que não é fácil. Há momentos em que não vemos mais "a estrela"; parece que foi se embora sem avisar-nos. Em Jesus, aparece a resposta veraz às expectativas de todos os homens e mulheres de todos os povos. Os magos são os verdadeiros fiéis que adoram o Filho de Deus e antecipam a comunidade eclesial. Pois, do nascimento de Jesus, segue o nascimento da Igreja, destinada a ser uma grande multidão que ninguém podia contar, de toda nação, tribo, povo e língua (Apocalipse 7,9)[14].

Na primeira leitura proclamamos o profeta Isaías 60,1-6. Os temas da luz, do brilho e do resplendor daqueles que vêm de longe trazendo ouro e prata, remetem imediatamente para a

---

14 Cf. Marcelino SIVINSKI, *Epifania: manifestação da ternura de Deus no mundo*, em CNBB, *Liturgia em Mutirão. Subsídio para a formação*, Edições CNBB, Brasília 2007, 59-60.

perícope evangélica[15]. O Senhor com a sua luz vai resplandecer sobre todos os povos. Por sua vez, todos os povos vão ao encontro do Senhor para proclamar "a glória do Senhor".

Na segunda leitura, escutamos a carta aos Efésios 3,2-3a,5-6. Nela insiste-se no chamamento universal a participarmos no mistério da salvação revelado em Cristo.

O Evangelho é de Mateus 2,1-12. Ressalta o episódio da adoração dos magos e deve ser lido, particularmente, em relação às outras leituras. Jesus manifesta-Se a todos os povos como Messias, que comunica a universalidade da salvação. Como outrora Deus falou a Moisés sobre as intenções maldosas do faraó diante da pretendida libertação do Seu povo, agora protege Seu Filho Jesus de Herodes para a salvação de todos os povos. Os magos que adoram o Menino estão a indicar a resposta do ser humano ao chamado de Deus.

Batismo do Senhor (com leituras diversas nos três ciclos)

O tempo do Natal, tempo da manifestação de Jesus como Salvador de todas as pessoas (especialmente das mais empobrecidas), de todas as nações, encerra-se com a festa do Seu Batismo no rio Jordão. Jesus entra na fila dos pecadores para deixar-se batizar por João em sinal de conversão, preparando-se para a iminente chegada do Reino. Ele se solidariza com a humanidade pecadora, perdida, afastada do caminho do Pai, longe do projeto inicial da criação. A voz do Pai o apresenta como o Filho amado, como o Messias esperado, o Ungido, o encarregado de Sua confiança para restaurar todas as coisas segundo o Seu projeto. Será

---

15 Perícope bíblica = do grego: recorte em forma circular. Liturgicamente, trata-se de uma passagem bíblica utilizada nas celebrações da Igreja; ou seja, textos bíblicos selecionados nos *Lecionários* e *Rituais*.

que nós temos também a coragem de colocar-nos junto de Jesus na fila dos pecadores, reconhecendo nossa parte de responsabilidade na situação em que se encontra o mundo? Abriremos hoje os ouvidos do coração para acolher a voz do Pai, que ressoa sobre as águas e declara nossa mais profunda e íntima identidade: tu és minha filha, tu és meu filho muito amado...?[16]

Como dissemos, as leituras desta festa são diferentes para os três anos. Os textos da primeira leitura são respectivamente: Isaías 42,1-4.6-7 (Ano A), o servo, objeto da complacência de Deus, obstaculizado até a morte na sua missão de libertador, é uma clara profecia da figura de Jesus; Isaías 55,1-11 (Ano B): riquíssimo de temas. A respeito da relação com o texto do Evangelho, deve recordar-se o tema da água como fonte de vida e da Palavra de Deus, que desce do céu e não volta para lá sem ter produzido o seu efeito (a missão de Cristo iniciada a partir do Batismo); Isaías 40,1-5.9-11 (Ano C): acabou o tempo da escravidão, chega Deus com o Seu poder, como o pastor que apascenta o seu rebanho.

Para a segunda leitura, por ordem: Atos 10,34-38, que proclama a universalidade da salvação na atividade de Jesus, com a efusão do Espírito Santo e com poder no seu Batismo; 1João 5,1-9, com os temas do Espírito, da água e do sangue (em perspectiva pascal); Tito 2,11-14; 3,4-7: Deus manifesta em Jesus Cristo Sua bondade salvífica, experimentada no banho de regeneração no Espírito Santo.

Para os Evangelhos temos, por ordem, respectivamente: Mateus 3,13-17; Marcos 1,7 e Lucas 13,15-16.21-22. São

---

16 Cf. Ione BUYST, Batismo do Senhor. Restaure meu povo, em CNBB, *Liturgia em Mutirão. Subsídio para a formação*, Edições CNBB, Brasília 2007, 62-63.

narrações sobre o episódio (mistério) da vida de Jesus que é celebrado na festa[17]. O Filho predileto, objeto da complacência do Pai, deve ser entendido à luz dos textos da primeira leitura proposta em cada ciclo.

Para encerrar a exposição bíblica e litúrgica do ciclo do Advento-Natal, podemos traçar em sintéticos passos a perspectiva bíblica e litúrgica de todo o ciclo, claro, sem a pretensão de esgotar o fecundo conteúdo dos temas:

– **Primeiro passo:** abre-se o coração do Pai e, no Natal, derrama-se como orvalho da manhã Seu Filho amado, o Verbo que se faz "carne", cuja alegre presença a Igreja festejará com riquíssimas celebrações nos dias da Oitava do Natal.

– **Segundo passo:** o Verbo de Deus fez-Se Menino na manjedoura de Belém, e apresentou a sua primeira família entre nós: a Sagrada Família, proto-família de Deus, paradigma da grande família que ele constituirá: a Igreja dos discípulos e discípulas, irmãos e irmãs de Jesus.

– **Terceiro passo:** para manifestar-se na epifania, como o destinado à universal salvação da humanidade, realizada na sua aceitação/doação segundo a vontade de seu Pai.

– **Quarto passo:** para chegarmos até o dom da Sua vida, na imersão na água do Batismo, enquanto antecipação simbólica e profética do Batismo no seu sangue, que receberá, e por causa do qual se angustiou até que se cumpriu (cf. Lucas 12,50).

---

17 Observemos que o Batismo de Jesus aparece no Evangelho de João e, no ordenamento das leituras do Lecionário, é colocado no 2º Domingo do Tempo Comum – Ciclo A.

Assim, fica evidente, que o ciclo natalino não termina em si mesmo, não pode; ele, inexoravelmente, se abre ao mistério Pascal. Mistério dos mistérios do Amor de Deus para conosco, que Dom Pedro Casaldáliga soube exprimir com mística elegância:

> *Toda outra palavra*
>
> *Deve-se submeter*
>
> *Ao aconchego*
>
> *Desta palavra última:*
>
> *"Deus é Amor!"'*
>
> *Foi no Amor que Ele saiu de si*
>
> *Criando o universo [...]*
>
> *Fez-se Olhar, Ternura,*
>
> *Pranto, Beijo,*
>
> *No corpo de Jesus de Nazaré,*
>
> *Amor humanamente derramado.*[18]

---

18 Pedro CASALDÁLIGA, *Deus é Amor*, Estudos Bíblicos 63, Petrópolis 1999, 11-12. O Autor: Bispo emérito da Prelazia de São Félix do Araguaia – Província Eclesiástica de Cuiabá. Sagrado bispo em 23/10/1971. Incansável lutador pelos direitos de todos os empobrecidos, especialmente dos povos indígenas do Brasil.

COMO CELEBRAR O ADVENTO E O NATAL

Normas universais sobre o Tempo do Advento e do Natal, conforme a Introdução Geral do Missal Romano (IGMR)[19]

No decorrer do ano, a Igreja comemora em dias determinados a obra salvífica de Cristo. Durante o ciclo anual desenvolve-se todo o mistério de Cristo. Nos vários tempos do AL, segundo a disciplina tradicional, a Igreja aperfeiçoa a formação dos fiéis por meio de piedosos momentos de espiritualidade, pela instrução e oração, e pelas obras de penitência e de misericórdia (SC, 102-105).

O Tempo do Advento possui uma dupla característica: sendo um tempo de preparação para a solenidade do Natal, em que se comemora a primeira vinda do Filho de Deus entre os homens, é também um tempo em que, por meio desta lembrança, voltam-se os corações para a expectativa da segunda vinda do Cristo no fim dos tempos (entendida como a última, segundo o que explicamos no 2º Capítulo). Por este duplo motivo, o

---

19 Cf. Esquema inspirado no MISSAL ROMANO – *Normas Universais sobre o Ano Litúrgico e o Calendário*, Paulus, São Paulo 1992, 105-106.

Tempo do Advento se apresenta como um tempo de piedosa e alegre expectativa.

O Tempo do Advento começa com as Primeiras Vésperas do Domingo que cai no dia 30 de novembro ou no Domingo que lhe fica mais próximo, terminando antes das Primeiras Vésperas do Natal do Senhor. Nos dias de semana de 17 a 24 de dezembro, inclusive, visam de modo mais direto a preparação do Natal do Senhor; esses dias podem ser considerados como uma "belíssima novena" de preparação.

O tempo do Natal é considerado "o mais venerável", após a celebração anual do mistério da Páscoa. O Tempo de Natal, das Primeiras Vésperas do Natal do Senhor ao Domingo depois da Epifania, ou ao Domingo depois do dia 6 de janeiro, inclusive.

A Missa da Vigília do Natal é celebrada à tarde do dia 24 de dezembro, antes ou depois das Primeiras Vésperas.

No dia do Natal do Senhor, segundo uma antiga tradição romana, pode-se celebrar a Missa três vezes, a saber, à noite, na aurora e durante o dia.

O Natal tem a sua Oitava organizada como bonitas festas de santos e santas da Igreja, como expomos detalhadamente no texto acima.

A Epifania do Senhor é celebrada no dia 6 de janeiro, a não ser que seja transferida para o Domingo, entre os dias 2 e 8 de janeiro, nos lugares onde não for considerado dia santo de guarda. No Domingo depois do dia 6 de janeiro, celebra-se a festa do Batismo do Senhor[20].

---

20 No Brasil, por determinação da CNBB, esta solenidade é celebrada no Domingo, entre 2 e 8 de janeiro. Nesse dia, segundo as circunstâncias, após a proclamação do Evangelho, o diácono, ou o presbítero, ou outro ministro idôneo, pode fazer o anúncio das festas da Páscoa do Senhor (cf. *Missal Romano*, 163-164).

O que ensinam os Lecionários sobre este Tempo

Para melhor colher a intenção da Igreja no frutuoso proveito da Liturgia da Palavra, colocamos, em forma de tópicos, alguns princípios inerentes à Liturgia da Palavra de Deus, apresentados na Introdução Geral ao Elenco das Leituras da Missa (ELM), que se encontra nos Lecionários[21].

1. A Igreja anuncia o mesmo e único mistério de Cristo quando proclama, nas celebrações litúrgicas, o Antigo e o Novo Testamento. Cristo é o centro e a plenitude de toda a Escritura e de toda celebração litúrgica; deverão beber de sua fonte todos os que buscam a salvação e a vida. O grande biblista São Jerônimo já lembrava esta verdade: "Pois, conforme o apóstolo Paulo (1Coríntios 1,24) Cristo é a força e a sabedoria de Deus, aquele que não conhece as Escrituras não conhece a força e a sabedoria de Deus. Quem ignora as Escrituras, ignora Cristo"[22].

2. Quanto mais profundamente se compreenda a celebração litúrgica, mais profundamente também se estimará a importância que nela ocupa a Palavra de Deus (de agora em diante PD). Permitimo-nos dizer que não há solução fácil para isto, pois parece ser mais um problema de "capacidade espiritual" do que puramente intelectual.

3. Quando Deus comunica Sua Palavra, espera sempre uma resposta concreta: escutá-lo e adorá-lo em espírito e em verdade (cf. João 4,23). Assim, a assembleia orante/

---

21 No Documento original é OLM = *Ordo Lectionum Missae*.
22 São Jerônimo, Prólogo do Comentário *in Isaiam prophetam*.

celebrante responde fielmente o mesmo "Amém" que Cristo, mediador entre Deus e os homens, pronunciou, de uma vez para sempre, ao derramar seu sangue, a fim de selar, com força de Deus, a nova aliança no Espírito Santo (cf. 2Coríntios 1,20.22). A assembleia deve esforçar-se, ao escutar a PD nela proclamada, em aderir intimamente à PD, que se faz Rosto no Filho do Pai encarnado (cf. SC, 10).

4. A Igreja cresce e se constrói escutando a PD, experimentando as maravilhas que de muitas maneiras Deus realizou na história da salvação, sendo que quando a Igreja se congrega para escutar a PD, reconhece-se a si mesma como o "novo povo". Aquela aliança antigamente concebida chega agora à sua plenitude e perfeição. De modo que todos os cristãos, discípulos e discípulas do Senhor, se convertam em mensageiros da Sua Palavra, na força do Espírito Santo.

5. Para que a PD produza frutos luminosos naqueles que a escutam com ouvidos atentos, requer-se a ação do Espírito Santo, por cuja inspiração e ajuda a PD se converte em fundamento da ação litúrgica. De fato, o Espírito Santo precede, acompanha e segue toda ação litúrgica, e mais ainda, fomenta a unidade da comunidade celebrante no coração de cada fiel, multiplicando a diversidade de carismas e a multiplicidade de atuações.

6. A PD e o mistério eucarístico foram honrados pela Igreja com a mesma veneração (cf. DV, 21). Por isso, a Igreja nunca deixou de celebrar o mistério pascal de Cristo,

reunindo-se primeiro à mesa da PD, para ler todas as passagens da Escritura que a Ele se referem (cf. Lucas 24,27), para realizar depois, a obra da salvação, na mesa eucarística, memorial do Senhor e dos Sacramentos. Assim, a Igreja cresce e se alimenta dessa "dupla mesa", a qual é convidada a celebrar para o duplo alimento de sua fé. Palavra e sacramento são "um só ato de culto" pelo qual se oferece a Deus o sacrifício de louvor e se realiza plenamente a redenção dos homens. Portanto, convém recordar que a Palavra Divina, que a Igreja proclama na Liturgia, conduz como que a seu próprio fim, ao sacrifício da aliança e ao banquete da graça, isto é, à Eucaristia[23].

Pela Liturgia da Palavra os fiéis escutam, recebem e respondem à PD com fé. Pois, a PD é um tesouro espiritual que a Igreja comunica e ensina como "saudável nutrimento" para o povo de Deus. Por isso é de se desejar que, nas celebrações, essa Palavra seja convenientemente preparada e proclamada de tal modo que os fiéis a escutem devotamente para fazer dela exterior e interior aconchego, a fim de crescerem na vida espiritual e serem suavemente introduzidos no mistério celebrado (cf. IGMR, 9; SC, 33).

É bonito perceber como, pelo intuito da reforma conciliar, a Igreja deseja que estejamos profundamente motivados para celebrar, na Palavra proclamada, "a presença de Cristo que vai crescendo" – por assim dizer –, para chegarmos ao cume da Sua presença na Eucaristia[24].

---

23 Cf. José ALDAZABAL, *A Mesa da Palavra I*, 15-27.
24 Cf. *Idem*, 57-61.

Agora, falando particularmente sobre a Palavra no Tempo do Advento-Natal, pode-se dizer que as leituras dominicais dos Evangelhos de Mateus e de Lucas apresentam em síntese esta mensagem: Jesus veio como cumprimento das profecias messiânicas, como verdadeiro Filho de Davi, para redimir e salvar seu povo, o verdadeiro e definitivo Israel de Deus.

Quanto à leitura continuada nesse tempo, podem-se destacar os relatos evangélicos anteriores ao nascimento do Senhor, primeiro de acordo com Mateus, e depois, segundo Lucas, lidos durante a semana seguinte ao Natal. Ainda, nos dias de semana antes do dia 16 de dezembro, temos uma interessante antologia que apresenta em leitura semicontínua, primeiro de Mateus e depois de Lucas e João, diversas cenas sobre o ministério do Batista, que prepara a presença do Messias. Isaías é o grande profeta do Advento, o principal autor sagrado deste Tempo, tanto pela frequência com que são lidos seus escritos, como pela antiguidade com que o seu livro é usado. Quanto à frequência, é evidente a abundante referência que se faz do profeta; de fato, no ciclo A, em nem um só dia do Advento, seu texto deixa de ser lido. Quanto à antiguidade, a presença do profeta Isaías aparece praticamente intocável nas leituras da liturgia do Advento desde o século VII, tanto em relação à Missa quanto à Liturgia das Horas.

É interessante perceber que a espiritualidade de Isaías combina com o sentido escatológico do Advento, particularmente sobre o conceito teológico da "vinda", lembrado na preparação do Natal. Pois, o profeta Isaías, no seu tempo, vivia dramaticamente e não menos ardentemente a esperança de que o futuro rei de Judá, Ezequias[25], conduziria o povo pelos caminhos da justiça e da prosperidade. Hoje, na liturgia da Palavra do Natal, a presença do profeta Isaías é imponente com expressões do tipo: (...) *dará à luz um filho, e o chamará "Deus conosco"* (Isaías 7,14b), *porque um menino nasceu, um filho nos foi dado; a soberania repousa sobre seus ombros, e ele se chama: Conselheiro admirável, Deus Forte* (Isaías 9,5), e também *Céus, deixai cair o orvalho das alturas*, que se aplicam melhor a Jesus Cristo do que a Ezequias. Por isso é que a liturgia as lembra expressivamente, com o intuito de acender a esperança na vinda d'Aquele que, sem dúvida alguma, realiza plenamente os anseios de prosperidade, paz e bem-estar do povo cristão e de toda a humanidade.

Para penetrar na intimidade dos textos bíblicos oferecidos no Tempo do Natal, é oportuno distinguir três grandes grupos de textos, carregados de particular importância:

a) Leituras de fundo temático: neste primeiro grupo, colocamos as festas e solenidades do ciclo: Natal, Epifania, Batismo do Senhor, Santo Estêvão etc. O centro de gravidade das celebrações parte mais do próprio mistério celebrado do que das perícopes bíblicas, explicadas em si mesmas. As leituras estão sensivelmente carregadas

---

25 Ezequias (= *Javé é minha força*) é filho de Acaz. Seu nascimento foi previsto pelo profeta Isaías (Isaías 7). O fato aludido pelo profeta, coloca-se no tempo em que Ezequias decidiu rebelar-se contra os assírios (cf. 2Reis 18,8), fato que acarretou desastrosas consequências para o povo. Por outra parte, ele é apresentado como um decidido reformador religioso: destruiu os santuários de Baal e fez em pedaços a serpente de bronze que os israelitas chamavam de Noestã (cf. 2Reis 18,4). Sua época foi marcada por uma intensa atividade literária. Os escribas da corte recolheram um considerável número de máximas populares (cf. Provérbios 25,1).

de sentido litúrgico mais do que bíblico. Para entendermos "espiritualmente" as leituras destas grandes festas, é indicado iluminá-las e explicá-las, ligando-as com os outros textos que acompanham a celebração: o prefácio do dia (quando é próprio), particularmente a Oração do dia e das oferendas.

b) Antologia de textos: outra maneira de aproveitar frutuosamente as leituras do Tempo é procurar uma leitura contínua ou semicontínua das perícopes próprias. O conjunto de leituras com temática unitária, lido como "um todo orgânico" ao longo de alguns dias seguidos. Quanto ao Tempo do Natal, os Lecionários nos apresentam três conjuntos desse tipo: os Evangelhos da infância, o primeiro capítulo do Evangelho de João e as perícopes evangélicas "epifânicas".

c) Leituras contínuas: o terceiro grupo de leituras é constituído pela leitura contínua ou semicontínua, mais habitual do Tempo comum, mas que também acontece no Natal, com certas distinções. Na verdade, às Missas do tempo do Natal, procedem uma leitura contínua da primeira Carta de São João. Nela, somos convidados a responder à questão fundamental da fé cristã: nós, na verdade, compreendemos Jesus, que nesses dias contemplamos feito ser humano, convivendo entre os seres humanos e ao mesmo tempo Filho do Pai eterno? A Carta nos leva, sem dúvida, a entrarmos em comunhão com o Senhor, neste caso, com o Menino-Deus, procurando superar a superficialidade das simples emoções que podem gerar em nós um olhar fútil, propiciado pelo barulho do ambiente consumista, fazendo com que se deturpe o evangélico aconchego da gruta de Belém. De fato, na sensível doçura de Belém, esconde-se um profundo mistério: a cena do Natal, pintada por Lucas (Lucas 2,1-14), convida-nos a contemplar "o amor pelo ser humano" de Deus, que, no Filho, por nós se tornou carne. Deus se fez pequeno e indefeso para ser acolhido por nós. Eis o drama que se anuncia: a Cruz aparece no horizonte! O nascimento de Jesus tem um caráter "passional" (de paixão): revela a paixão de Deus por nós; a sua extremada consideração por nós levou-o a compartilhar nossa "fragilizada" condição[26].

---

26 Cf. Pedro FARNÉS, *A Mesa da Palavra II,* 46-51.

SUGESTÕES LITÚRGICO-CATEQUÉTICAS PARA A CELEBRAÇÃO

1. A cor litúrgica do Advento é o roxo. Porém, a cor rósea (violácea ou lilás) indicada apenas para o terceiro Domingo, chamado de Gaudete (da alegria), tem sido assiduamente usada por muitas comunidades, em todo o tempo do Advento. É interessante esta diferenciação – e recomendada – entre o roxo quaresmal e a cor rósea do Advento. Por quê? Esta cor, mais cálida, diríamos, traz aos olhos e ao coração o sentido de uma alegre espera/esperança – que é justamente o espírito do Advento –, diferenciado do sentido mais "penitencial" da quaresma.

Para o Natal, em que celebramos a festa da Luz de Deus que veio ao mundo (cf. João 1,9; 8,12), sem dúvida, a cor litúrgica a ser utilizada será o branco e recomendada o dourado.

2. Na noite santa do Natal, noite tão especial, é recomendável proclamar o "Anúncio Natalino", após o

sinal da cruz e a saudação presidencial, ou antes da entoação do Glória. Esse anúncio traz para a assembleia celebrante o clima de expectativa histórica que reinava ao inédito momento em que o Filho do Eterno Pai, Jesus Cristo, Nosso Senhor, nasceu da Virgem Maria em Belém de Judá[27].

3. O canto do Glória (antigo hino natalino), omitido obviamente no Tempo do Advento, será entoado com exultação no Tempo natalino.

4. Recomendamos para a Solenidade da Epifania do Senhor, depois da proclamação do Evangelho ou em seguida à Oração depois da Comunhão, fazer o anúncio das solenidades móveis do Ano Litúrgico. Podemos achar essas datas nas primeiras páginas do Diretório Litúrgico da CNBB.

5. Vale aqui lembrar a advertência de Frei José Ariovaldo da Silva quando nos adverte sobre alguns desvios do espírito natalino: atualmente, muitas comunidades eclesiais, influenciadas pela onda consumista por ocasião das festas natalinas e de final do ano, estão assumindo o costume de enfeitar suas igrejas já bem antes de o Natal chegar. Em pleno tempo de Advento, que é um tempo de piedosa e alegre expectativa, já ornamentam suas igrejas com flores, pisca-piscas, árvores de Natal e outros motivos natalinos, como se já fosse Natal. Posso dar uma sugestão? Não sejam tão apressadas. Não

---

27 Cf. CNBB, *Diretório de Liturgia e da organização da Igreja no Brasil*, Edições CNBB, Brasília 2011, 39.

entrem na onda dos símbolos consumistas da nossa sociedade. Evitem enfeitar a igreja com motivos natalinos durante o Advento. Deixem o Advento ser Advento e o Natal ser Natal. Enfeites natalinos, dentro da igreja, só quando o Natal chegar. Então, a festa com certeza será melhor. Sobretudo se houver na comunidade uma boa preparação espiritual[28].

6. Achamos importante sugerir às comunidades que desejarem montar o presépio que não coloquem antecipadamente o Menino Jesus: façam com que ele "nasça verdadeiramente" na noite do Natal.

7. Outro aspecto relevante a ser levado em conta. Por favor, que apareça no Natal a força evangelizadora da Sagrada Família que acolheu o Menino Jesus, Dom de Deus. Por que isto? Para superar, aos poucos, a "insignificante" figura do Papa Noel, o gorducho do Natal consumista, que nada significa para nós. Tratemos de evangelizar mais com a apresentação dos personagens próprios do Tempo do Natal: Maria, José e o Menino Jesus. Lembremos isto para as atividades lúdicas da comunidade e nas ações caridosas: na entrega das sacolas do Natal para crianças e pessoas carentes e assim por diante.

8. Em algumas comunidades há o costume de fazer um momento de recordação da vida. Gesto importante para ligar a vida à liturgia e colocar a liturgia na vida. Para maior proveito desse momento, é preciso promover a

---

28 Cf. CNBB, *Vem, Senhor Jesus. Roteiros do Tempo do Advento e Natal* – Ano A – 2007, citando a Revista Mundo e Missão, dezembro 2004, 8.

participação da comunidade, favorecendo a inculturação e atualização das leituras bíblicas.

A recordação da vida é um elemento que enriquece as celebrações das comunidades atentas à ação de Deus no mundo; ajuda-as a sintonizar o Cristo Ressuscitado, abrindo-as à ação do Espírito no coração da vida e da história, pelos caminhos da realização do Reino.

Este momento pode desenvolver-se como parte dos Ritos iniciais, ou no início da Liturgia da Palavra, antes da proclamação dos textos bíblicos, ou também, se quiser, durante a homilia ou nas preces universais. Esta recordação, no entanto, não é prece, nem compromisso, nem "intenção", muito menos motivação para a celebração ou discurso com explicações, tendo mais um perfil de relato.

Que aspectos da vida podemos destacar na recordação?

Julgamos significativos estes critérios:

a) Fatos importantes para o Reino e os que estejam relacionados com a vida e a caminhada pascal do povo, principalmente dos mais pobres e vulneráveis (pessoas com deficiências).

b) Fatos importantes para dar voz e vez àqueles que a sociedade impede ou proíbe de falar ou cuja palavra é julgada com discriminação. As pessoas, na comunidade eclesial, devem ser consideradas, ouvidas e reconhecidas.

c) São lembrados atos da vida pessoal e familiar: doenças, mortes, aniversários, casamentos e outras festas, emprego/desemprego, acidentes.

d) Acontecimentos marcantes para a vida da comunidade: assembleias pastorais, aniversários da paróquia, acontecimentos diocesanos e paroquiais; acontecimentos da cidade, do país e do mundo... É fundamental que a recordação da vida aconteça num "clima pascal", isto é, se bem que muitas coisas da vida infelizmente estão marcadas por situações tristes, violentas, opressoras e até incompreensíveis, a liturgia é celebração da Páscoa de Cristo, portanto, o olhar será da vida que supera a morte, da ressurreição que supera definitivamente a cruz. Nosso olhar será do lado do "Evangelho", da "Boa-Nova" como "proposta positiva que liberta", para apontar saídas saudáveis, devolver esperança, mobilizar para a ação, trazer consolo e compaixão, acender e reencantar os corações...[29].

e) Devemos envolver todas as comunidades no compromisso generoso da Campanha para a Evangelização da CNBB, com gestos caridosos e de reconhecimento. No Natal, recebemos o "grande presente" que Deus nos enviou: o seu próprio Filho, Jesus Cristo, nosso Senhor. Se em verdade, cientes do nosso batismo, somos seus discípulos e discípulas, então, assim como Ele veio para nós, nós também devemos nos doar, colaborando

---

29 Cf. CNBB, *É Ele que vem para nos salvar!* (Is 35,4) – *Roteiros Homiléticos do Tempo do Advento – Natal – Tempo Comum* – Ano A – novembro 2010/março 2011, Edições CNBB, Brasília 2010, 9-13.

materialmente com o anúncio da Boa-Nova de Jesus; "única e autêntica" boa-nova para toda a humanidade, especialmente para aqueles que ainda não a acolhem e nem a conhecem. O objetivo principal da Campanha é lembrar que todos os batizados têm o dever de evangelizar e de colaborar na sustentação das atividades pastorais da Igreja. Precisamos fazer, e muito ainda, para apoiar e sustentar a ação evangelizadora da Igreja no Brasil a partir dos esforços e recursos próprios. A Coleta da Campanha acontece no 3º Domingo do Advento[30].

f) A coroa do Advento caracteriza de modo singular este tempo. Feita com ramos verdes, com as quatro velas que progressivamente se acendem, no início da celebração (ou, antes da proclamação do Evangelho), retoma o costume judaico de celebrar a vinda da luz à humanidade dispersa aos quatro pontos cardeais, expressa nossa prontidão para abrir-nos ao Senhor que vem e quer nos encontrar acordados e prontos com as lâmpadas acesas (disponíveis).

g) Nas celebrações Dominicais acende-se uma vela por vez. A primeira vela nos revela o povo na espera da chegada de Jesus; a segunda e a terceira marcam a presença de João Batista, que chama à conversão e a

---

[30] *O total arrecadado* é distribuído da seguinte maneira: *Diocese: 45%; Regionais: 20% e Nacional: 35%.* Em nível nacional o dinheiro da Coleta é administrado pelo *Conselho Econômico da CNBB*, que garante recursos para a Secretaria Nacional e viabiliza projetos específicos de evangelização, olhando prioritariamente às Dioceses mais pobres do Brasil.

prepararmos os caminhos para acolher o Senhor; isto é, preparar os corações a recebê-lo, carregados de boas obras pessoais e comunitárias. Por fim, a última vela marca a presença de Maria que, colocando-se toda à disposição de Deus, abre seu coração com seu "sim", e fica grávida do Menino-Deus. Tempo para nós também ficarmos grávidos do Seu amoroso projeto.

h) Podemos acompanhar com uma breve oração o gesto de acendimento de cada uma das velas (talvez proferida pelo presidente da celebração): "A luz de Cristo, que esperamos neste Advento, enxugue todas as lágrimas, acabe com todas as trevas, console quem está triste e encha nossos corações da alegria de preparar a Sua vinda!".

i) Seria bonito que, na noite do Natal, o presidente da celebração entrasse na procissão de abertura com o Menino Jesus e o colocasse num lugar apropriado, bem preparado, por exemplo, acima dos Santos Evangelhos (ou do Evangeliário). E, no final da celebração, acompanhado da comunidade, levasse-o em procissão até a manjedoura; depositasse nela o Menino e, após breve instante de silêncio, fizesse uma prece pela paz do mundo.

j) O ponto alto das festas do Natal e Epifania é a celebração da Eucaristia, que é o sacramento de sua presença entre nós. É o momento em que Seu Filho amado se faz carne, torna-se corpo nos sinais do pão e do vinho e da comunidade reunida. Na Eucaristia dá-se a epifania (manifestação) da Igreja, que unida a Cristo torna-se sinal e instrumento de salvação para o mundo (cf. SC, 2). É sempre recomendável distribuir a comunhão nas duas espécies.

k) Para pensar e refletir com calma: a crise da perda de valores que a sociedade está passando é de difícil superação por ser horizontal e não ter aparência de crise; ao contrário, "tem brilho enganoso, certa aparência de deslumbramento". Ela chega a considerar que a figura do "gorducho" Papai Noel, apresentada hoje, contraria o verdadeiro espírito natalino. "Isso acontece quando se substitui o espírito do Natal, que é de comunhão e de partilha, por imagens toscas. O que estamos criando no imaginário das pessoas, especialmente das crianças? Os Papais Noeis de hoje são de um exagero! São exatamente a figura da sociedade contemporânea: obesos, redondos, supra-alimentados e ansiosos. É o anti-espírito do Natal"[31].

l) Natal oferece ocasião para recolocarmos o consumo sob o controle da razão e da contemplação do Menino do Presépio. O afã de lucro, a loucura materialista, a sede insaciável de acumular bens nos levam a esquecer a beleza incomensurável de um Deus que vê o Filho nascer na simplicidade. O infinito de Deus coube na pequenez daquela criança e o nosso infinito de desejos tem preferido escolher a multiplicação enlouquecida do acúmulo de coisas. Que contraste![32]

---

31 Cf. Maria de Lourdes CALDAS GOUVEIA, *Os significados do Natal na pós-modernidade,* em *Jornal de Opinião* 1175, 8.

32 Cf. João Batista LIBANIO, *O olhar do teólogo*, em *Jornal de Opinião* 1175, 9.

SUGESTÕES LITÚRGICO-CATEQUÉTICAS PARA A CELEBRAÇÃO

Síntese do significado do Tempo do Advento e do Natal

ADVENTO INDICA
- expectativa
- ausência
- despojamento
- gestação
- distância
- espera

NATAL INDICA
- proximidade
- presença
- encarnação
- abertura
- manifestação
- solidariedade
- amizade
- encontro
- assombro
- contemplação
- humildade
- convivência

BIBLIOGRAFIA DE REFERÊNCIA

Documentos da CNBB e outros

BENTO XVI, *Verbum Domini* (Exortação Apostólica Pós-Sinodal), Paulinas, São Paulo 2010.

CELAM, *Manual de Liturgia I. A celebração do mistério Pascal* (Rubén LEIKMAN, Quando celebramos?), Paulus, São Paulo 2004.

CNBB, *Diretório da Liturgia e da organização da Igreja no Brasil* – 2011 – Ano A – São Mateus, Edições CNBB, Brasília 2011.

_____, *Liturgia em Mutirão. Subsídios para a formação*, Edições CNBB, Brasília 2007.

_____, *Liturgia em Mutirão II. Subsídios para a formação*, Edições CNBB, Brasília 2009.

_____, *Roteiros Homiléticos* – Projeto Nacional de Evangelização – O Brasil na Missão Continental (publicação do Tempo Litúrgico de cada Ciclo de Leituras), Edições CNBB, Brasília.

_____, *A Sagrada Liturgia 40 anos depois* [Estudos 87], Paulus, São Paulo 2003.

_____, *Manual de Liturgia IV. A celebração do mistério Pascal* (Guillermo ROSAS, A celebração do mistério de Cristo no ano Litúrgico), Paulus, São Paulo 2007.

JOÃO PAULO II, *Dies Domini* – Carta sobre o Dia do Senhor – 31/05/1998.

MISSAL ROMANO, Paulus, São Paulo 1992.

Dicionários

L. MONLOUBOU, F.M. Du BUIT, *Dicionário Bíblico Universal*, Aparecida – Vozes, Petrópolis 1997.

VV.AA., *Dicionário Cultural da Bíblia*, Loyola, São Paulo 1998.

VV.AA., *Dicionário de Catequética*, Paulus, São Paulo 2004.

VV.AA., *Dicionário de Conceitos Fundamentais de Teologia*, Paulus, São Paulo 1993.

VV.AA., *Dicionário de Liturgia*, Paulinas, São Paulo 1992.

Livros e artigos sobre o tema

A. BERGAMINI, *Cristo festa da Igreja. História, teologia, espiritualidade e pastoral do ano litúrgico*, Paulinas, São Paulo 1994.

A.S. BOGAZ, I. SIGNORINI, *A Celebração litúrgica e seus dramas*. Um breve ensaio de pastoral litúrgica, Paulus, São Paulo 2003.

F. TABORDA, "Esperando a sua vinda gloriosa..." Eucaristia, tempo e eternidade, in Itaici – Revista de Espiritualidade Inaciana 61, Indaiatuba [SP], setembro 2005.

_____, *Da Liturgia à Catequese*. Por uma catequese mistagógica dos Sacramentos, in Revista de Liturgia 192, São Paulo, novembro-dezembro 2005, p. 4-7.

G.D. MICHELETTI, *Catequese litúrgica: a missa explicada*, Ave-Maria, São Paulo 2009.

G. LUTZ, *Vamos celebrar*, Paulus, São Paulo 2003.

_____, *O que é liturgia?*, Paulus, São Paulo 2003.

I. BUYST, *Participação do povo na Liturgia Eucarística*, in Revista de Liturgia 153, São Paulo, Maio/Junho 1999.

_____, *Celebração do Domingo ao redor da Palavra de Deus*, Paulinas, São Paulo 2002.

_____, *A Palavra de Deus na liturgia*, Paulinas, São Paulo 2002.

_____, *Liturgia, de coração. Espiritualidade da celebração*, Paulus, São Paulo 2003.

_____, *A Missa. Memória de Jesus no coração da vida*, Paulinas, São Paulo 2004.

J.A. DA SILVA, *O Mistério celebrado: Memória e Compromisso I* (Coleção Livros Básicos de Teologia 9), Paulinas – Siquem, São Paulo 2003.

J. ALDAZÁBAL (comentários), *A Mesa da Palavra I. Elenco das Leituras da Missa*, Paulinas, São Paulo 2007.

J. CASTELLANO, *Liturgia e vida espiritual. Teologia, celebração, experiência*, Paulinas, São Paulo 2008.

J. CHITTISTER, *El Año Litúrgico. La interminable aventura de La vida espiritual*, Sal Terrae, Santander 2010.

J.J. FLORES, *Introdução à Teologia Litúrgica*, Paulinas, São Paulo 2006.

J. KONINGS, *Liturgia dominical. Mistério de Cristo e formação dos fiéis*, Vozes, Petrópolis 2003.

L.E. BARONTO, *Preparando passo a passo a celebração*. Um método para as equipes de celebração das comunidades, Paulus, São Paulo 1997.

M. AUGÉ, Liturgia: história, celebração, teologia e espiritualidade, Ave-Maria, São Paulo 2009.

P. CARPANEDO, *Um tempo para celebrar*. O Ano Litúrgico na *Sacrosanctum Concilium* (SC), in Revista de Liturgia 180, São Paulo, novembro-dezembro 2003.

P. FARNES, *A Mesa da Palavra II. Leitura da Bíblia no ano litúrgico*, Paulinas, São Paulo 2007.

R.E. BROWN, *Cristo en los evangelios del año litúrgico*, Sal Terrae, Santander 2010.

V. RYAN, *O Domingo. História, espiritualidade, celebração*, Paulus, São Paulo 1997.

V.S. COSTA, *Viver a ritualidade litúrgica como momento histórico da salvação*. Participação litúrgica a *Sacrosanctum Concilium*, Paulinas, São Paulo 2005.

_____, *Noções teológicas de liturgia*, Ave-Maria 2012.

VV.AA., *As Introduções Gerais dos Livros Litúrgicos*, Paulus, São Paulo 2003.